AF338448

QUELQUES MOTS

SUR

L'HÉRÉDITÉ

DE LA

VICE-ROYAUTÉ D'EGYPTE

telle qu'elle a été réglée par le

NOUVEL ILAM DU SULTAN ABDUL-AZZIS

MARSEILLE

IMPRIMERIE NOUVELLE A. ARNAUD, R. VACON, 24

—

1866.

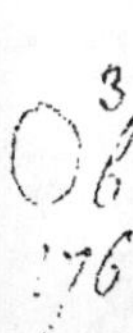

Il y a quelques jours à peine, les correspondances de Constantinople publiées par les journaux de Marseille annonçaient un évènement qu'elles qualifiaient de considérable, et qu'elles croyaient, disaient-elles, appelé à avoir un grand retentissement en Europe. Il s'agissait d'un changement dans l'ordre de succession à la vice-royauté d'Egypte; et il était certain que le Sultan Abdul-Azzis, après avoir pris l'avis de ses ministres, et sur la demande de Son Altesse le Vice-Roi Ismaïl-Pacha, avait décidé que la vice-royauté se transmettrait désormais de père en fils, en ligne directe, et non plus en ligne collatérale.

Les mêmes correspondances laissaient pressentir qu'un mauvais accueil serait fait à ce nouvel état de choses, soit par le peuple Turc, soit par les Egyptiens; cet acte touchant à une loi fondamentale et aux prescriptions de l'Islamisme.

Or, cet évènement qui semble éveiller si fort la sollicitude des correspondants Bysanthins, et qu'ils voient sous un si mauvais jour, nous a paru tellement susceptible d'appeler l'attention et de mériter l'approbation de tous les peuples amis du progrès, que nous n'hésitons pas à le proclamer comme la source future de la prospérité de l'Egypte.

Cette modification dans l'ordre de succession de la vice-royauté n'est d'ailleurs pas contraire aux lois fondamentales qui ont régi jusqu'à nos jours la dynastie égyptienne.

Il nous a donc semblé qu'une étude très courte sur la question ne serait ni superflue ni hors de propos ; et qu'il serait utile de démontrer qu'à tous les points de vue l'Ilam du Sultan qui proclamera ce nouvel état de choses, doit être salué des plus vives acclamations par le peuple Turc et par les Egyptiens.

Méhémet-Ali, le chef de la dynastie égyptienne actuellement régnante, fut acclamé Vice-Roi par le peuple égyptien, dont le choix fut sanctionné par la Turquie.

Son avènement date à peine du commencement de notre siècle. Son règne glorieux et presque légendaire est connu de tous.

Chacun se rappelle les brillants exploits du généralissime de l'armée égyptienne, Ibrahim-Pacha, fils de Méhémet-Ali et père du Vice-Roi actuel, qui se couvrit de gloire en 1824, dans la campagne de Candie et de Morée ; dirigea en 1831 la glorieuse expédition de Syrie, et entra victorieux, en 1832, dans l'inexpugnable place de Saint-Jean-d'Acre, qui avait résisté au plus grand des capitaines modernes, l'empereur Napoléon Ier.

Ibrahim-Pacha fut la plus grande illustration guerrière du règne de son père, et c'est uniquement à sa valeureuse épée que Méhémet-Ali dut cette longue série de victoires qui appelèrent l'attention de quatre grandes puissances occidentales, l'Angleterre, la Russie, l'Autriche et la Prusse, signataires du traité de Londres du 15 juillet 1840 , où il fut décidé que Méhémet-Ali serait ramené au simple rang de vassal de la Porte.

Nous arrivons ici à la question d'hérédité que nous avons seule l'intention de traiter, pour rester dans le cadre que nous nous sommes tracé.

La Turquie proposa à Méhémet-Ali l'hérédité du Pachalik

d'Egypte en faveur de ses enfants, à la condition qu'elle choisirait celui d'entre eux qui devrait lui succéder.

Méhémet-Ali rejeta d'abord ces propositions, et son refus se traduisit par une fière réponse : « Ibrahim, dit-il, saurait au besoin soutenir ses droits, et on n'aurait rien gagné en faisant souscrire le père à cet arrangement préjudiciable au fils. »

Cependant, fatigué par de longues guerres, et son armée étant épuisée par de si nombreuses campagnes, il renonça, sur les sollicitations de la France, à une plus longue résistance ; et c'est à la date du 13 février 1841 que fut signé par la Sublime Porte le Hatti-Chérif réglant entre autres questions l'hérédité à la vice-royauté d'Egypte.

Hatti-Chérif de Sa Hautesse, qui confère à Méhémet-Ali l'hérédité du gouvernement de l'Egypte en le soumettant à certaines conditions :

« Mon Vizir,

« J'ai vu avec satisfaction les preuves de soumission que vous venez de donner, ainsi que vos protestations de fidélité et vos assurances de dévouement envers mon auguste personne et pour les intérêts de ma Sublime Porte.

« Votre longue expérience et la connaissance des affaires du pays placé depuis longtemps sous votre administration ne me laissent pas douter que vous saurez, par le zèle et la prudence que vous apporterez dans ce même gouvernement, acquérir de nouveaux droits à ma bienveillance et à ma confiance envers vous ; et qu'en même temps, reconnaissant le prix de mes bienfaits, vous tâcherez de transmettre à vos descendants ces qualités qui vous distinguent.

« Sur cette considération, je me suis décidé à vous confirmer dans le gouvernement de l'Egypte, d'après les limites tracées sur la carte qui vous est envoyée par mon grand vizir, et à vous

conférer en outre la prérogative de l'hérédité de ce gouvernement, sous les conditions suivantes :

« 1° Lorsque le gouvernement de l'Egypte sera devenu vacant, il sera confié à celui de vos enfants mâles que je choisirai;
et le même mode de succession s'appliquera aux enfants mâles
de ce dernier, et ainsi de suite. Dans le cas où votre lignée
masculine viendrait à s'éteindre, les enfants mâles issus des
femmes de votre famille ne pourront avoir aucun droit à la
succession ;

« 2° Celui de vos fils qui sera choisi pour vous succéder dans
le gouvernement de l'Egypte devra se rendre à Constantinople
pour y recevoir l'investiture. »

L'article premier du Hatti-Chérif est bien clair.

Il n'y est nullement question ni directement ni indirecte-
ment de l'hérédité par la ligne collatérale.

La Sublime Porte se réserve seulement, à la mort de Méhémet-Ali, le droit de choisir son successeur parmi ses enfants
mâles.... Et le même mode de succession, dit ce Hatti-Chérif,
s'appliquera aux enfants mâles de ce dernier, et ainsi de suite.

C'est-à-dire qu'après la mort du successeur de Méhémet-Ali,
la Porte aura de nouveau le droit de choisir parmi ses enfants
mâles, et conservera l'exercice de ce droit de générations en générations.

Résulte-t-il de la lettre de cet article, ou de l'interprétation
à laquelle sa rédaction peut donner lieu, que le mode d'hérédité établi par le Hatti-Chérif soit la succession en ligne
collatérale ?.... Pas le moins du monde. Implicitement, le contraire résulte entièrement du simple examen du paragraphe qui
y a trait. Car si, d'après sa teneur, le choix de la Porte doit se
fixer à la mort de Méhémet-Ali, sur l'un de ses enfants mâles,
et après ce successeur sur l'un des enfants mâles de ce dernier,
et ainsi de suite, c'est dire que la vice-royauté d'Egypte se
perpétuera de père en fils.

Le Hatti-Chérif de 1841 ne faisait donc que consacrer un ordre de choses bien naturel, en y mettant seulement pour condition le choix que la Porte devait faire, de telle sorte que tout en assurant l'hérédité à la postérité du Vice-Roi régnant, elle l'empêchait de choisir lui-même son successeur parmi ses enfants.

La modification qui s'opère aujourd'hui est uniquement dans la renonciation à un droit dont la Sublime Porte ne pouvait qu'arriver à reconnaître le caractère souverainement arbitraire.

Tel est le résultat de l'examen que nous avons fait, et si dans la pratique l'hérédité à la vice-royauté s'est produite dans un ordre opposé à celui tracé par le Hatti-Chérif que nous avons mentionné plus haut ; si Abbas-Pacha (1) et Saïd-Pacha succèdent, le premier à Ibrahim-Pacha, son oncle, et le second à Abbas-Pacha, son neveu, nous n'hésitons pas à dire que la lettre du Hatti-Chérif fondamental n'a pas été suivie, et que le choix de la Sublime Porte a seul légitimé le droit des successeurs.

Il est donc incontestable que ce nouvel état de choses, loin d'être le renversement des lois fondamentales, est au contraire leur juste sanction.

Si donc, le peuple égyptien est jaloux des institutions qui le régissent ; s'il tient à conserver intactes les premières traditions sur lesquelles s'est appuyé le berceau de sa jeune dynastie, qu'il soit satisfait, car l'Ilam du sultan ne les modifiera pas, mais les raffermira au contraire en renonçant, au profit d'Ismaïl-Pacha, à un droit que personne ne saurait mieux excercer que lui dans l'intérêt de son peuple,

Mais supposons un instant que la nouvelle décision du sultan

---

(1) Abbas-Pacha était fils de Toussoum-Pacha, l'un des fils de Méhémet-Ali, mort avant son père.

Abdul-Azzis soit en contradiction et renverse complètement les institutions qui prirent naissance sous Méhémet-Ali.

Quelque obstacle sérieux pourrait-il s'y opposer ?

Nous comprendrions que s'il s'agissait d'une monarchie établie dans des règles déterminées et immuables par la volonté du peuple, ou se perdant par son origine dans la nuit des temps, avec des traditions toujours identiques et constamment respectées, il serait opportun, avant de détruire l'édifice, de se demander si l'on peut , sans profanation aucune , renverser cet antique état de choses que tant de mains ont laissé demeurer entier. Et encore, dans cette hypothèse, serait-il sage de sacrifier l'intérêt présent et futur des peuples à l'intérêt passé ; la prospérité d'une nation à ce que l'on peut appeler le culte du souvenir ? Telles seraient les questions qu'il faudrait, à ce point de vue, évidemment se poser.

Mais, dans le sujet qui nous occupe , ce ne sont certainement pas ces considérations qu'il faut envisager.

Nous sommes à peine au lendemain du jour où la Sublime Porte traitait avec Méhémet-Ali.

Les contractants ont disparu pour faire place à deux princes à la fois leurs successeurs et héritiers de leurs droits respectifs...

La volonté seule des deux contractants primitifs a formé le pacte qui, depuis l'année 1841 , a présidé aux destinées de la vice-royauté d'Egypte. Qui peut s'opposer à ce que leurs héritiers, ceux à qui s'est transmise leur autorité, usant des droits que l'hérédité leur confère, modifient ce qui existait primitivement et scellent par de nouveaux accords, plus en harmonie avec leur époque, les bonnes relations d'amitié qui existent entre eux ?

Veut-on appeler, à l'appui de la thèse contraire, les lois religieuses de l'Islamisme qui, au dire des correspondants de nos journaux, seraient contraires à tout changement de ce genre?...

En principe, s'il faut respecter les croyances de tous les peu-

ples ; s'il faut s'incliner devant leurs institutions religieuses ,
pourvu qu'elles soient morales, et ne jamais attaquer leurs dog-
mes, quels qu'il soient, nul ne saurait dénier qu'il appartient à
un prince sage et éclairé de ne pas sacrifier aveuglément , au
fanatisme irréfléchi de quelques-uns de ses sujets, le bonheur
de son peuple.

Dans notre siècle de lumières, où la civilisation s'est glissée
chez les nations les plus reculées , qu'elle a appelé à une vie
nouvelle, l'expérience leur a appris qu'il faut , des anciennes
coutumes, conserver tout ce qu'il y a de bon et rejeter ce qui,
peut-être, bon autrefois, se trouve aujourd'hui en pleine contradiction avec les lois du progrès.

Il ne faut donc pas s'évertuer à aller rechercher dans quelque
ancien texte de loi religieuse, sujet peut-être à bien des inter-
prétations, la condamnation d'un système d'hérédité si sage et si
en rapport avec la civilisation actuelle.

Nous pourrions nous aussi, si nous le voulions, invoquer les
préceptes de la religion musulmane et renvoyer les détracteurs
de l'opinion que nous soutenons au chapitre iv, verset 8 , du
Koran, où Mahomet prend le soin d'édicter que tout homme
doit hériter des biens laissés par son père , que l'héritage soit
considérable ou de peu de valeur.

Or, ne faut-il pas ranger au nombre des plus précieux des
biens laissés par le souverain le trône sur lequel il n'est monté
peut-être que dans le but d'y faire asseoir un jour sa postérité ,
et ne serait-il pas souverainement injuste que le fils de celui qui
s'est dévoué à la chose publique, qui a contribué en première
ligne à la prospérité de l'Etat fût ainsi dépossédé?

C'est là évidemment de la pure morale qui ne peut être que
sanctionnée par le bon sens public.

Après avoir envisagé la question au point de vue politique et
au point de vue religieux, il ne nous reste plus qu'à l'examiner
au point de vue utilitaire.

En l'étudiant sous cette nouvelle face, les arguments se multiplient avec la même abondance.

Et tout d'abord, nous invoquerions volontiers l'exemple qui a été donné jusqu'à nos jours par toutes les nations européennes à la Turquie et à l'Egypte. L'hérédité s'est toujours transmise chez elles en ligne directe...

Cependant, comme la bonté des institutions ne peut être appréciée que par les résultats, nous préférons mettre en parallèle les deux systèmes d'hérédité, pour en déduire les conséquences qui doivent naturellement en découler.

L'intérêt personnel étant la mesure des actions humaines, princes et peuples subissent plus ou moins la loi commune.

Le pouvoir, quoique on en dise, est toujours hérissé de charges et de déceptions nombreuses. Bien souvent, un règne n'est qu'une suite non interrompue de longues luttes... Or, dans quel intérêt puisera-t-il ses forces, le prince qui sait d'avance qu'il ne sera pas donné à sa postérité de recueillir le fruit de ses victoires et des institutions dont il a doté ses sujets ?

Si, tout au contraire, la loi de son pays lui garantit la transmission du pouvoir à sa postérité, l'amour de la famille se confondra dans son cœur avec l'amour de son peuple et changera quelquefois en héros le souverain qui brûle du légitime orgueil de faire asseoir sa dynastie sur un trône puissant et glorieux.

C'est ainsi que Méhémet-Ali, dont le rêve est d'établir en Egypte une dynastie nouvelle qui sera la sienne, étonne, avec l'épée d'Ibrahim-Pacha, son fils, l'Europe entière par ses exploits ; tour à tour guerrier et législateur, il appelle à une vie nouvelle le peuple d'Egypte, qu'il transforme. Et il attache tant de prix à son rêve, que lorsque la Turquie veut en empêcher la complète réalisation, il lutte de toutes ses forces et ne succombe que sous le poids des évènements.

Si l'incertitude de l'hérédité pèse fatalement sur le règne qui

suit son cours, à quoi faut-il s'attendre quand le trône sera devenu vacant ?

Ne voyez-vous pas surgir alors au grand jour les intrigues
qui jusque-là avaient été fomentées dans l'ombre, et n'entre-
voyez-vous pas le fantôme de la guerre civile qui vient déchirer
les entrailles du malheureux peuple au profit de deux compéti-
teurs ?

Méhémet-Ali, qui frémissait à cette idée, résumait toutes ses
craintes dans les paroles que nous avons déjà cité, et qui, s'ap-
pliquant alors à Ibrahim, auraient pu, dans la bouche de ses
successeurs, s'appliquer à leurs fils. « Ibrahim saurait au
besoin soutenir ses droits, et on n'aura rien gagné en faisant
souscrire le père à cet arrangement préjudiciable au fils. »

Heureusement, ces craintes ne se sont pas réalisées ; les luttes
n'ont été que souterraines. Mais l'avenir aurait-il été, comme le
passé, exempt d'orages ? Nul ne le sait. Il fallait cependant faire
cesser cette incertitude si préjudiciable au bonheur du peuple
égyptien.

Les deux princes sages et prudents qui président aux destinées de la Turquie et de l'Egypte l'ont compris, et désormais le
mal sera conjuré.

Telles sont les considérations qui seules ont motivé les démarches du Vice-Roi auprès de la Sublime Porte, démarches que les
correspondances publiées par nos journaux voudraient, dans un
esprit de malveillance inconcevable, attribuer à des calculs
d'intérêt personnel.

Le bons sens public fera bonne justice de ces appréciations
injustes, et Ismaïl-Pacha recueillera bientôt les fruits de cet
acte important.

Nos journaux avaient raison lorsqu'ils qualifiaient de considérable l'évènement dont nous venons de nous occuper.

La décision prise par la Sublime Porte a une grande signification; non pas que j'y voie ce qu'y trouvent les correspondants de Constantinople, un prétexte heureusement saisi par le sultan Abdul-Azzis, qui d'après eux voudrait s'armer d'un précédent, pour introduire la même modification dans son empire, petit calcul qui n'a jamais pu naître dans le cœur d'un grand souverain comme le sultan Abdul-Azzis, qui a la force et le courage de ses actes, et qui, seul juge de l'opportunité d'une pareille mesure pour ses Etats, saura la prendre quand il le voudra, sans recourir à de pareils prétextes.

Ce qu'il faut considérer plus tôt, c'est la Turquie se joignant à l'Europe entière pour faciliter l'essor de cette nation que l'avenir appelle aux plus brillantes destinées.

Sa prospérité commerciale, son sol riche et fertile, ses habitants intelligents et laborieux, en sont un sûr garant.

Bientôt le monde lui enverra ses flottes de navires marchands qui sillonneront son canal de Suez, gigantesque conception qu'Ismaïl-Pacha, quoiqu'en disent de méchants et jaloux pamphlétaires, protège et facilite de toutes ses forces.

Et cependant, au milieu de sa puissance, l'Egypte riche et forte donne au monde entier l'exemple de sa fidélité aux traités.

La Turquie est toujours pour elle une nation souveraine, mais amie, que ses soldats ont naguère vaillamment défendu contre l'empire de Russie.

A quoi bon laisser alors subsister cet ancien vestige de défiance qui a pu coïncider avec d'autres époques ; qui au lendemain des guerres de Méhémet-Ali a pu figurer au nombre des conditions imposées par le suzerain au vassal comme marque de puissance, mais dont l'unique résultat ne serait aujourd'hui que d'arriver à brider les généreux efforts d'un prince appelé à de hautes destinées.

Désormais le rêve de Méhémet-Ali aura eu sa réalisation.....

La dynastie du soutien de son trône, d'Ibrahim-Pacha, ce fils pour lequel il refusait si fièrement de se plier aux conditions de la Porte, se perpétuera de père en fils, interrompue un instant, mais renaissant plus vivace et plus forte en la personne d'Ismail-Pacha.

Comme son père, ce prince est appelé à inscrire son règne en lettres glorieuses, dans le livre d'or des peuples.

Le génie de la guerre immortalisa Ibrahim-Pacha. Le règne d'Ismaïl-Pacha, son fils en marquant en chiffre ineffaçable sa date sur le canal de Suez achevé, sera immortalisé par le génie du commerce et de la paix.

Marseille, le 26 mai 1866.

Alexandre RONCHETTI,

Avocat.

Marseille. — Imprimerie Nouvelle A. Arnaud, rue Vacon. 21.

www.ingramcontent.com/pod-product-compliance
Lightning Source LLC
Chambersburg PA
CBHW061714050726
47598CB00004B/1845